LAS LIGAS MAYORES

LA NBA

Un libro de Las Ramas de Crabtree

B. Keith Davidson
Traducción de Santiago Ochoa

CRABTREE
Publishing Company
www.crabtreebooks.com

Apoyos de la escuela a los hogares para cuidadores y maestros

Este libro de gran interés está diseñado con temas atractivos para motivar a los estudiantes, a la vez que fomenta la fluidez, el vocabulario y el interés por la lectura. Las siguientes son algunas preguntas y actividades que ayudarán al lector a desarrollar sus habilidades de comprensión.

Antes de leer:

- ¿De qué creo que trata este libro?
- ¿Qué sé sobre este tema?
- ¿Qué quiero aprender sobre este tema?
- ¿Por qué estoy leyendo este libro?

Durante la lectura:

- Me pregunto por qué...
- Tengo curiosidad por saber...
- ¿En qué se parece esto a algo que ya conozco?
- ¿Qué he aprendido hasta ahora?

Después de la lectura:

- ¿Qué intentaba enseñarme el autor?
- ¿Qué detalles recuerdo?
- ¿Cómo me han ayudado las fotografías y los pies de foto a comprender mejor el libro?
- Vuelvo a leer el libro y busco las palabras del vocabulario.
- ¿Qué preguntas me quedan?

Actividades de extensión:

- ¿Cuál fue tu parte favorita del libro? Escribe un párrafo al respecto.
- Haz un dibujo de lo que más te gustó del libro.

ÍNDICE

CORTANDO EL FONDO DE LA CANASTA

En 1891, en Massachusetts, el doctor canadiense James Naismith buscaba crear un deporte de interior que mantuviera a sus alumnos en forma durante todo el invierno. Clavó en la pared una canasta de duraznos pero después de cada anotación alguien tenía que subir y sacar el balón. ¿La solución? Cortar el fondo de la canasta.

Los Jayhawks de la Universidad de Kansas, en su primera temporada de baloncesto universitario, fueron dirigidos por su entrenador, el Dr. James Naismith.

El doctor James Naismith

UN DATO DIVERTIDO

Muggsy Bogues medía 5 pies, 3 pulgadas (1.6 metros) y Manute Bol medía 7 pies y 7 pulgadas (2.31 metros). Ellos dos son el jugador más bajo y el más alto en la historia de la Asociación Nacional de Baloncesto (NBA). Ambos jugaron para los Washington Bullets durante la temporada 1987-88.

SALTAR POR EL BALÓN

Todos los partidos de baloncesto comienzan con un salto por el balón. El árbitro lanza el balón al aire y los pívots luchan por el control. El equipo que consigue el balón prepara su ataque.

Tim Duncan, de los Spurs, se prepara para saltar por el balón contra los Warriors.

UN DATO DIVERTIDO

El 20 de abril de 1986, Michael Jordan, de los Chicago Bulls, estableció el record de puntos para un partido de eliminatorias, con 63. Su equipo jugaba contra los Boston Celtics.

El equipo local, San Antonio Spurs, juega contra los Cleveland Cavaliers, el equipo visitante.

El 14 de febrero de 1986, Larry Bird, de los Boston Celtics, decidió lanzar con su otra mano en un partido contra los Blazers. Anotó 47 puntos en ese partido y los Celtics ganaron.

EMPEZANDO POR EL PÍVOT

Los pívots como Wilt Chamberlain, Shaquille O'Neal y Kareem Abdul-Jabbar eran jugadores extraordinarios. Conocidos como los «hombres grandes» en un deporte que es famoso por tener hombres muy grandes, el trabajo del pívot incluye el **rebote**, el bloqueo de tiros y la **defensa del poste** bajo.

Wilt Chamberlain tiene el récord de haber anotado 50 o más puntos en 118 ocasiones, y el de más puntos en un partido, al haber anotado 100. Tiene otros 72 récords, lo que también es un récord.

UN DATO DIVERTIDO

Shaquille O'Neal llegó a fallar 11 tiros libres seguidos. La única persona con un récord peor fue Giff Roux, que falló 20 tiros seguidos en la temporada 1947-48.

EL ARMADOR

Comparado a menudo con el mariscal de campo en el fútbol americano, el armador es el creador de las jugadas. Permanece cerca de la parte superior del **arco** y la estrategia ofensiva recae en él. Un armador debe ser capaz de pasar el balón a donde sea necesario y ejecutar las jugadas de su entrenador.

Terrell Brandon

Stephen Curry

AFUERA DEL ARCO

Un **tiro de campo** desde fuera del arco vale tres puntos. Jugadores como Stephen Curry han utilizado este lanzamiento para dominar la liga. Son más difíciles de hacer que el **tiro en bandeja** o la **clavada**. No hay un tiro más difícil que este.

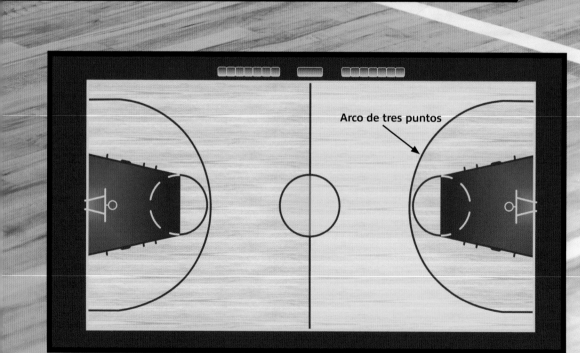

Arco de tres puntos

Con 20 segundos en el tablero, Stephen Curry lanza un tiro de tres puntos contra Greg Monroe de los Detroit Pistons en la Oracle Arena en Oakland, California.

UN DATO DIVERTIDO

Stephen Curry, de los Golden State Warriors, hizo 402 canastas de tres puntos en la temporada 2015-16. Stephen ocupa el tercer lugar en la lista de los triplistas de todos los tiempos.

LA CLAVADA

La clavada es probablemente la jugada más famosa del baloncesto. Saltar en el aire para introducir el balón en el aro siempre pone de pie a los aficionados. Con dos manos, con una, girando o volando por el aire como Michael Jordan, la clavada siempre es una hazaña.

Kawhi Leonard

Las
Air Jordan,
las famosas
zapatillas de Nike que
llevan el nombre de la
estrella de la NBA, alguna
vez estuvieron prohibidas.
Michael Jordan era multado
con 5 000 dólares por
cada partido en el que
las usaba, pero no le
importaba porque
Nike pagaba las
multas.

¡DEFENSA!

La defensa es una posición difícil de jugar en el baloncesto. Incluso mover los pies de forma incorrecta puede suponer una falta. Tanto si se trata de una **defensa de zona** o de una defensa hombre contra hombre, el defensivo intenta interponerse en el camino del balón bloqueando pases y tiros o recuperando tiros fallidos.

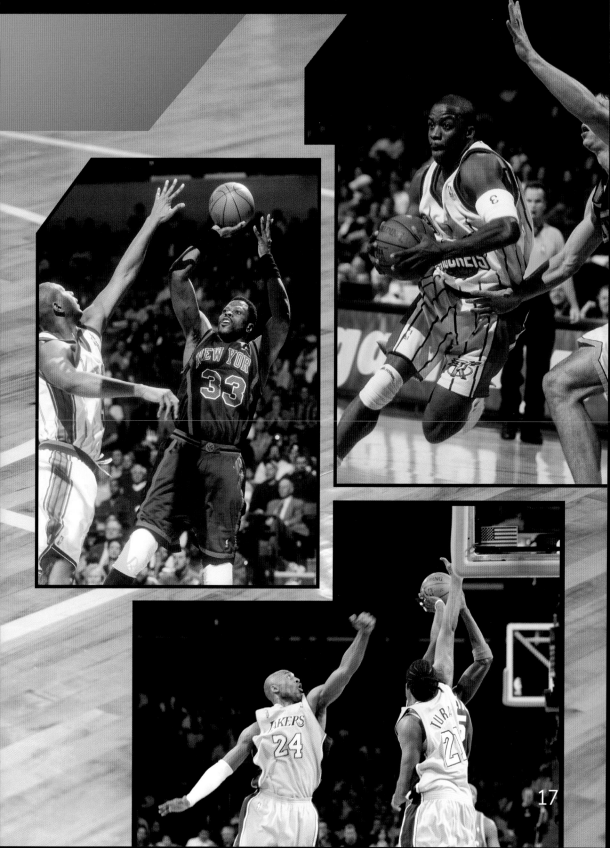

¡FALTA!

Se comete una falta cuando un jugador infringe una de las reglas. Cuando un jugador golpea intencionadamente a otro, recibe una falta personal. Casi todo lo demás es una falta técnica. Cualquier conducta antideportiva puede suponer una falta y otorgarle un **tiro libre** al otro equipo.

Aunque se
supone que por
cometer seis faltas
te expulsan del partido,
el anotador se olvidó de
decírselo a Cal Bowlder el
13 de noviembre de 1999.
Cal acabó recibiendo
una séptima falta y
estableció un récord
en la NBA.

LAS ELIMINATORIAS

Al final de la temporada de 82 partidos de la NBA, los ocho mejores equipos de las conferencias del Este y del Oeste se enfrentan en las eliminatorias de la NBA. Todo termina en la final, donde el equipo ganador alza en lo alto el trofeo Larry O'Brien.

Jason Terry se tatuó el trofeo Larry O'Brien en el brazo antes de ganarlo. Al principio de la temporada todos pensaron que estaba loco, pero su equipo ganó el trofeo ese año.

Kobe Bryant sostiene el Trofeo Larry O'Brien.

UN DATO DIVERTIDO

Los jugadores de la NBA suelen llegar a la liga apenas salen de la escuela secundaria. Los padres de Kobe Bryant tuvieron que firmar su primer contrato con la NBA, ya que él sólo tenía 17 años.

GRANDES ESTRELLAS

A menudo se dice que la NBA es una liga de estrellas. Más que cualquier otro deporte de equipo, el baloncesto es un juego determinado por uno o dos jugadores clave.

A los 20 años, Magic Johnson se convirtió en el primer novato y en el jugador más joven en ser nombrado MVP de las finales de la NBA.

Magic Johnson

Michael Jordan

Kareem Abdul-Jabbar

Michael Jordan, Magic Johnson, Kareem Abdul-Jabbar, Kawhi Leonard y Lebron James han liderado a sus equipos para llegar a los campeonatos.

UN DATO DIVERTIDO

Doce es el récord de tiros de campo, sin fallas, realizados en un partido de eliminatorias. Lo estableció Larry MacNeill el 13 de abril de 1975, en un partido contra los Chicago Bulls.

KOBE BRYANT

POSICIÓN
ALERO Y ESCOLTA

PARTIDOS JUGADOS	1 346
MINUTOS POR PARTIDO	36.1
PUNTOS POR PARTIDO	25.0
REBOTES POR PARTIDO	5.2
ASISTENCIAS POR PARTIDO	4.7

LEBRON JAMES

POSICIÓN
DELANTERO

PARTIDOS JUGADOS	1 265
MINUTOS POR PARTIDO	38.6
PUNTOS POR PARTIDO	27.1
REBOTES POR PARTIDO	7.4
ASISTENCIAS POR PARTIDO	7.4

STEPHEN CURRY

POSICIÓN
BASE

PARTIDOS JUGADOS	699
MINUTOS POR PARTIDO	34.3
PUNTOS POR PARTIDO	23.5
REBOTES POR PARTIDO	4.5
ASISTENCIAS POR PARTIDO	6.6

DWAYNE WADE

POSICIÓN
BASE

PARTIDOS JUGADOS	1 054
MINUTOS POR PARTIDO	33.9
PUNTOS POR PARTIDO	22.0
REBOTES POR PARTIDO	4.7
ASISTENCIAS POR PARTIDO	5.4

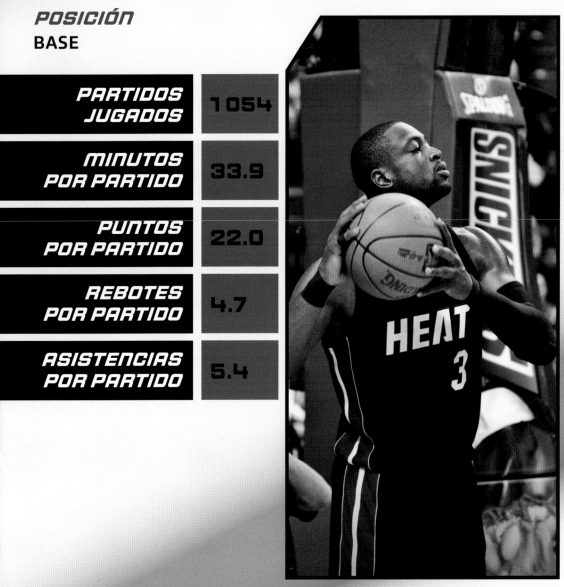

27

LA NBA

El baloncesto es un juego que se ha extendido por todo el mundo. Sin embargo, la mejor liga del mundo sigue siendo la NBA y el sueño de todo basquetbolista joven es llegar a la Asociación.

Las selecciones nacionales de Serbia y Finlandia juegan un partido.

La estrella de la NBA Ron Artest cambió su nombre por el de Metta World Peace. Fue un cambio que conmocionó al mundo del baloncesto. Años después lo cambió por Metta Ford-Artest.

GLOSARIO

arco: Una línea semicircular pintada en la cancha alrededor del aro, también conocida como la línea de tres puntos.

clavada: Llevar el balón hasta la red y dejarlo caer a través del aro.

defensa de zona: Defender un área de la cancha y no de un jugador específico del otro equipo.

defensa del poste: Bloqueo del jugador que se ha colocado en la posición del poste.

rebote: Recuperar el balón después de que rebote en el aro o en el tablero.

tiro de campo: Cualquier tiro que entra en la red y que no es un tiro libre.

tiro en bandeja: Tiro en el que el balón rueda desde las puntas de los dedos y entra a la red.

tiro libre: Un tiro a la red, sin obstáculos, desde la línea de falta.

ÍNDICE ANALÍTICO

DATOS CURIOSOS:

Bill Russell tiene el récord del jugador con más campeonatos de la NBA, con 11.

Darryl Dawkins es famoso por sus potentes clavadas, a las cuales les daba nombres graciosos.

Los Toronto Raptors han llegado a la postemporada doce veces en sus 25 años de historia. Es el único equipo de baloncesto de Canadá que ha ganado un campeonato.

SITIOS WEB CON MÁS DATOS CURIOSOS (PÁGINAS EN INGLÉS):

www.hooptactics.net

https://kidskonnect.com/sports/basketball

https://kids.kiddle.co/Basketball

ACERCA DEL AUTOR

B. Keith Davidson

B. Keith Davidson creció jugando con sus tres hermanos y un montón de niños de su barrio; aprendió de la vida a través del deporte y la actividad física. Ahora enseña estos juegos a sus tres hijos.

CRABTREE
Publishing Company

Produced by: Blue Door Education for Crabtree Publishing
Written by: B. Keith Davidson
Designed by: Jennifer Dydyk
Edited by: Tracy Nelson Maurer
Proofreader: Ellen Rodger
Traducción al español: Santiago Ochoa
Maquetación y corrección en español: Base Tres
Print and production coordinator: Katherine Berti

Reconocemos que algunas palabras, nombres de equipos y denominaciones, por ejemplo, mencionados en este libro, son propiedad del titular de la marca. Las usamos únicamente con propósitos de identificación. Esta no es una publicación oficial.

Photographs: Cover: Top photo © Shutterstock.com/ Oleksii Sidorov, Players © ASSOCIATED PRESS/Jae C. Hong, PG 4-5: Library of Congress PD., PG 6-7: ©Eric Broder Van Dyke/Dreamstime.com, Noamfein/Dreamstime.com, PG 8 © Jerry Coli/Dreamstime.com, PG 9: ©ASSOCIATED PRESS/ Matt A. Brown, PG 10: ©Droopydogajna/Dreamstime.com, PG 11: © Jerry Coli/Dreamstime.com, PG 12: © Photogio/Dreamstime.com, PG 13: © Eric Broder Van Dyke/Dreamstime.com, PG 14 © ASSOCIATED PRESS/Ashley Landis, PG 15: © Jerry Coli/Dreamstime.com, PG 16: © Noamfein/Dreamstime.com, PG 17: © Jerry Coli/Dreamstime.com, © Jerry Coli/Dreamstime.com, ©Wei Chuan Liu/Dreamstime.com, PG 18: © Dgareri/Dreamstime.com, PG 19: shutterstock.com/ Duplass, ASSOCIATED PRESS/ John Raoux, PG 20 © Vera Iarochkina/Dreamstime.com, PG 21: © Joe Sohm/Dreamstime.com, PG 22-23: © Jerry Coli/Dreamstime.com, PG 24: © Wei Chuan Liu/Dreamstime.com, PG 25: © Martin Ellis/Dreamstime.com, PG 26: © Keith Allison/Creative Commons Attribution-Share Alike 2.0 Generic, PG 27: © Dgareri/Dreamstime.com, PG 28-29: shutterstock.com/ Monkey Business Images, © Ivan Pancic/Dreamstime.com

Library and Archives Canada Cataloguing in Publication
Available at the Library and Archives Canada

Library of Congress Cataloging-in-Publication Data
Names: Davidson, B. Keith, 1982- author.
Title: La NBA / B. Keith Davidson ; traduccion de Santiago Ochoa.
Other titles: NBA. Spanish
Description: New York, NY : Crabtree Publishing Company, 2022. | Series: Las ligas mayores | "Un libro de Las Ramas de Crabtree."
Identifiers: LCCN 2021040000 (print) |
    LCCN 2021040001 (ebook) |
    ISBN 9781039613591 (hardcover) |
    ISBN 9781039613652 (paperback) |
    ISBN 9781039613713 (ebook) |
    ISBN 9781039613775 (epub) |
    ISBN 9781039613836
Subjects: LCSH: National Basketball Association--History--Juvenile literature. | Basketball--United States--History--Juvenile literature.
Classification: LCC GV885.515.N37 D3818 2022 (print) |
    LCC GV885.515.N37 (ebook) | DDC 796.323/6406--dc23
LC record available at https://lccn.loc.gov/2021040000
LC ebook record available at https://lccn.loc.gov/2021040001

Crabtree Publishing Company

www.crabtreebooks.com   1-800-387-7650

Printed in the U.S.A./072021/CG20210616

Published in the United States
Crabtree Publishing
347 Fifth Avenue, Suite 1402-145
New York, NY, 10016

Published in Canada
Crabtree Publishing
616 Welland Ave.
St. Catharines, ON, L2M 5V6